Gleiches Recht für alle!

Marie Murray
Hanane Kai

Gabriel

Mehr über unsere Bücher, Autor:innen und Illustrator:innen auf:
www.thienemann.de

Marie Murray und Hanane Kai
Gleiches Recht für alle!
978 3 522 30589 1

Aus dem Englischen von Kristina Petersen

Die englische Originalausgabe erschien unter dem Titel *Rights and Equality* 2020
by Wayland an Imprint of Hachette Children's Books Part of Hodder and Stoughton
Carmelite House 50 Victoria Embankment, London EC4Y 0DZ.

Text: Marie Murray
Illustrationen: Hanane Kai
Einbandtypografie: Doris Grüniger, Buch und Grafik, Zürich
Innentypografie: Eva Mokhlis, Swabianmedia, Stuttgart

3. Auflage 2025

FSC www.fsc.org MIX Papier | Fördert gute Waldnutzung FSC® C144853

Inhalt

Alle Menschen haben die gleichen Rechte

Wir haben alle gewisse Grundbedürfnisse. Dazu gehört, dass wir gut und in Sicherheit leben können. Jeder von uns hat einen Anspruch darauf, dass diese Grundbedürfnisse geschützt werden. Das gehört zu unseren Rechten.

Jeder Mensch hat eine Würde. Man kann auch sagen: Alle Menschen sind gleich viel wert. Deshalb haben wir auch alle die gleichen Rechte. Egal, ob wir jung oder alt sind, krank oder gesund, arm oder reich. Egal, wo wir geboren sind, welche Hautfarbe wir haben oder an was wir glauben.

Was ist gerecht?

Es gibt bestimmt Dinge, die du gern hättest, zum Beispiel ein neues Spielzeug. Ein neues Spielzeug ist schön, aber es ist nicht etwas, das du unbedingt brauchst. Was, meinst du, gehört zu den wichtigsten Rechten, die für jeden Menschen auf der Welt gelten sollten? Wie erreichen wir, dass alle Menschen auf der Welt gleichbehandelt werden und das haben, was sie brauchen?

Die Allgemeine Erklärung der Menschenrechte

1948 haben sich viele verschiedene Länder auf eine Liste von Rechten geeinigt, die für alle Menschen gelten. Diese Liste nennt man die Allgemeine Erklärung der Menschenrechte. Die Erklärung ist inzwischen über 70 Jahre alt und sie ist bestimmt noch nicht vollständig. Aber sie ist ein guter Ausgangspunkt, um über die Menschenrechte zu sprechen.

Das wichtigste Menschenrecht ist das Recht auf Leben. Das Recht, frei und in Sicherheit zu leben, ist die Voraussetzung für alle anderen Menschenrechte.

Bei der Arbeit

Arbeit spielt in unserem Leben eine wichtige Rolle. Die Menschen müssen arbeiten können, damit sie Geld haben, um sich selbst und ihre Familien zu versorgen. Und um manche Dinge kaufen zu können, die sie sich wünschen. Neben dem Recht auf Arbeit haben sie auch das Recht, sich auszuruhen, sich zu erholen und ihr Leben zu genießen.

Jeder Mensch hat das Recht, in Freiheit zu leben und sich seinen Beruf auszusuchen. Viele Menschen haben Spaß bei der Arbeit und verdienen genug Geld, um gut zu leben. Aber das ist leider nicht überall so: Es gibt auf der Welt auch viele Menschen, die sehr hart arbeiten müssen und dafür kaum bezahlt werden.

Gesundheit und Schule

Alle Menschen sollten die Möglichkeit haben, ein gesundes Leben zu führen. Sie haben das Recht auf Nahrung, Kleidung und einen Platz zum Leben. Sie sollten einen Arzt besuchen können, wenn sie krank sind. Sie sollten Hilfe bekommen, wenn sie ihren Arbeitsplatz verlieren oder wenn sie zu krank oder zu alt sind, um für sich selbst zu sorgen.

Gehst du gern zur Schule? Vielleicht hast du manchmal keine Lust, hinzugehen ... Aber wie fändest du es, wenn du nie eine Schule besuchen könntest? Alle Kinder haben ein Recht darauf, zur Schule zu gehen und zu lernen, damit sie später keine Nachteile haben.

Glauben

Jeder Mann und jede Frau hat das Recht, zu heiraten und eine Familie zu gründen. Niemand sollte zum Heiraten gezwungen werden, wenn man es nicht möchte oder dafür noch zu jung ist.

Alle Menschen haben das Recht, zu denken und zu glauben, was sie möchten – solange sie dadurch nicht andere Menschen verletzen. Jeder sollte frei entscheiden dürfen, welcher Religion er angehören möchte. Man sollte auch frei sein, seine Religion zu ändern oder an keinen Gott zu glauben. Menschen mit unterschiedlichen Meinungen und Glaubensrichtungen können viel voneinander lernen.

Das Gesetz

Jeder Mensch sollte durch gerechte Gesetze geschützt sein. Bevor jemand ins Gefängnis geschickt wird, hat er das Recht, von einem Gericht gerecht beurteilt zu werden. Bei dem Prozess hören sich ein oder mehrere Richter und Richterinnen die Geschichte des Angeklagten an und untersuchen die Beweise, um zu entscheiden, ob er schuldig oder unschuldig ist.

Auch Gefangene haben bestimmte Rechte. So dürfen sie zum Beispiel nicht geschlagen oder unmenschlich behandelt werden, auch wenn sie etwas sehr Schlimmes getan haben.

Noch nicht gerecht

Wenn sich Menschen in ihrem eigenen Land nicht sicher fühlen und es keine Gesetze gibt, die sie schützen, dann haben sie das Recht, ihr Land zu verlassen und einen sicheren Ort zum Leben zu suchen. Menschen, die aus ihrem Land fliehen, weil sie dort in Gefahr sind, haben das Recht, in einem anderen Land um Schutz und Bleibe zu bitten. Das nennt man Asylrecht.

Nicht alle Länder sind bereit, geflüchtete Menschen bei sich aufzunehmen. Manche Regierungen ignorieren dann das Recht dieser Menschen auf ein sicheres Zuhause und sagen, dass Menschen aus bestimmten Ländern bei ihnen nicht willkommen sind.

Auf der Suche nach Sicherheit

Obwohl alle Menschen die gleichen Rechte haben sollten, werden diese leider nicht überall auf der Welt beachtet. Die Welt ist noch nicht für alle gleich und gerecht: Viele Menschen leben in Unsicherheit, ohne ein Zuhause und ohne genügend Essen.

Viele Menschen leben in Kriegsgebieten, in Flüchtlingslagern oder an Orten, wo es kaum Wasser und Nahrung gibt. Manche Familien haben nicht genug Geld, um ihre Kinder in die Schule zu schicken. In einigen Ländern handeln die Regierungen nicht gerecht und schicken Menschen ins Gefängnis oder misshandeln sie sogar, nur weil sie ihre Politik kritisiert haben.

Der Kampf für Gleichberechtigung

Es gibt Menschen, die gegen diese Ungerechtigkeit auf der Welt kämpfen und die Menschenrechte verteidigen. Einige von ihnen nehmen an Demonstrationen teil. Andere schreiben Briefe oder E-Mails an Mitglieder ihrer Regierung, um sie darauf hinzuweisen, wenn Menschen schlecht behandelt werden. Manche von ihnen gehen selbst in die Politik, um die Verhältnisse zu verändern und mehr Gleichheit in der Welt zu erreichen.

Jeder braucht ein Zuhause
Sicherheit für alle

Kinderrechte

Kinder haben genauso Rechte wie Erwachsene. Sie haben das Recht auf ein Zuhause, auf gesunde Ernährung und auf Fürsorge. Sie haben auch ein Recht darauf, zu spielen. Die Eltern teilen sich die Verantwortung für ihre Kinder und sollten immer so handeln, dass es den Kindern gut geht.

Regierungen sollten die Eltern bei der Betreuung ihrer Kinder unterstützen, indem sie einen kostenlosen Schulbesuch, eine allgemeine Krankenversicherung und Wohngeld für bedürftige Familien anbieten.

Andere gleich behandeln

Wir können alle dafür sorgen, dass die Menschen in unserem Umfeld fair und respektvoll behandelt werden.

Manchmal werden Personen geärgert, weil sie anders sind, oder sie werden ohne Grund ausgeschlossen. Das nennt man Mobbing. Die Mobber merken oft gar nicht, wie sehr sie den anderen verletzen. Wenn du jemanden in deiner Klasse oder ein anderes Kind verteidigst, dann ist das sehr mutig von dir. So setzt du dich für Gleichheit ein und bist für die anderen ein gutes Vorbild.

Gleichheit
Freiheit

Was kannst du tun?

Es ist nicht immer leicht, sich für Gleichheit und den Schutz der Menschenrechte einzusetzen. Aber es ist wichtig. Vielleicht wirst du auch einmal schlecht behandelt und dann wirst du dir wünschen, dass dich jemand verteidigt.

Täglich setzen sich Menschen dafür ein, dass alle auf der Welt die gleichen Rechte haben. Wie kannst du für mehr Gleichheit kämpfen?

Informiere dich!

Amnesty International
www.amnesty.de/

logo! Die Menschenrechte
logo!-Nachrichten des ZDF
www.zdf.de/kinder/logo/die-menschenrechte-100.html

Bundesministerium für Familie, Senioren, Frauen und Jugend, Broschüre „Die Rechte der Kinder. Von logo! einfach erklärt"
www.bmfsfj.de/bmfsfj/service/publikationen/die-rechte-der-kinder/86756

einfach POLITIK: Das Grundgesetz. Die Grundrechte
Bundeszentrale für politische Bildung
www.bpb.de/politik/grundfragen/politik-einfach-fuer-alle/236616/die-grundrechte

Grundrechte/Menschenrechte in HanisauLand. Politik für dich
Lexikon für Kinder der Bundeszentrale für politische Bildung
www.hanisauland.de/lexikon/g/grundrechte.html

Menschenrechte – Materialien für die Bildungsarbeit
Deutsches Institut für Menschenrechte
www.institut-fuer-menschenrechte.de/fileadmin/user_upload/Publikationen/Unterrichtsmaterialien/Menschenrechte_Materialien_fuer_die_Bildungsarbeit_mit_Jugendlichen_und_Erwachsenen.pdf

Menschenrechte – Deine Rechte
Jugendportal Jugendstiftung Baden-Württemberg
www.menschenrechte.jugendnetz.de

Menschenrechte in drei Minuten erklärt
Youtube Video von Amnesty Switzerland
www.youtube.com/watch?v=T1VXkO3RrBs

Deutsches Kinderhilfswerk e.V., Kinderrechte in Deutschland
www.kinderrechte.de/kinderrechte/

Deutscher Bundestag, Video „Kurz erklärt: Was ist das Grundgesetz?"
www.youtube.com/watch?v=E9kXaSeqCv4

Wichtige Wörter

Flüchtlingslager Lager aus Zelten oder Wohncontainern, die schnell gebaut werden, um dort Menschen unterzubringen, die ihr Zuhause verloren haben. Die Menschen, die dort unterkommen, sind vor Kriegen, Hungersnöten oder vor Umweltkatastrophen geflüchtet. Eigentlich sollen Flüchtlingslager nur eine Notunterkunft sein, bis die Flüchtlinge ein neues, festes Zuhause gefunden haben. Leider gibt es aber viele Menschen, die schon seit Jahren in einem Flüchtlingslager leben.

Gefängnis Wenn jemand ein schweres Verbrechen begeht und dafür von einem Gericht verurteilt wird, muss er eine Strafe absitzen. Dafür kommt er ins Gefängnis. Dort wird ein Teil der Rechte des Inhaftierten eingeschränkt, so kann er sich z.B. nicht mehr frei bewegen. Doch andere Rechte bleiben erhalten, z.B. darf man im Gefängnis Sport treiben und jeden Tag für eine gewisse Zeit an die frische Luft gehen.

Gleichheit Gleich zu sein bedeutet nicht, dass man genauso ist wie die anderen. Jeder Mensch ist einzigartig. Mit Gleichheit meint man, dass jeder Mensch die gleichen Rechte, die gleiche Bedeutung, die gleiche Wertigkeit und somit auch die gleiche Würde hat, egal, wo man lebt, wie man aussieht oder an was man glaubt.

Meinung Ansicht oder Denkweise, die nicht unbedingt objektiv ist. Das heißt, die nicht immer auf Tatsachen beruht. Verschiedene Menschen können ganz unterschiedliche Meinungen zu einem Thema haben. Jeder sollte das Recht haben, seine Meinung frei zu äußern.

Menschenrechte Diese Rechte schützen die Würde jedes Menschen. Sie sind unveräußerlich, das heißt, dass sie jedem von Geburt an zustehen und nicht weggenommen werden können. Zu den Menschenrechten gehören z.B. das Recht auf Meinungsfreiheit und auf Nahrung. Die Menschenrechte sind in vielen internationalen Verträgen festgeschrieben, z.B. in der Allgemeinen Erklärung der Menschenrechte der Vereinten Nationen, in der Charta der Grundrechte der Europäischen Union und im Grundgesetz der Bundesrepublik Deutschland.

Mobbing Wenn man jemandem regelmäßig durch gemeines Verhalten das Leben schwer macht. Mobbing kann in der Familie, in der Schule oder am Arbeitsplatz passieren. Man kann jemanden mobben, indem man z.B. Lügen über ihn erzählt, ihn einschüchtert oder ihn bedroht.

Politiker, Politikerin Jemand, der sich im öffentlichen Leben, in der Politik, engagiert, um etwas zu verändern oder um etwas zu schützen. Politiker haben oft auch ein Amt, zum Beispiel in einem Parlament oder einer Regierung. Sogenannte Berufspolitiker werden für ihre Arbeit bezahlt. Es gibt aber auch sehr viele Menschen, die sich ehrenamtlich politisch engagieren.

Regierung Eine Gruppe von Politikern und Politikerinnen, die ein Land führen.

Religion Wenn man an einen oder mehrere Götter glaubt und aus diesem Glauben heraus handelt, dann gehört man einer Religion an. Jede Religion hat bestimmte Regeln, an die sich die Gläubigen halten, sogenannte Gebote, z.B. dass man seinen Mitmenschen Gutes tun soll oder dass man nicht stehlen oder lügen darf.

Respekt Wenn man die Meinungen und Gefühle anderer Menschen achtet und berücksichtigt.

Richter, Richterin Ein Richter oder eine Richterin leitet eine Gerichtsverhandlung und fällt am Ende das Urteil. Das Urteil ist objektiv und bezieht sich auf das geltende Gesetz. Es darf nicht von persönlichen Empfindungen beeinflusst sein. Oft gibt es mehrere Richter und Richterinnen im Gericht, die zusammen entscheiden. Um Richter zu werden, muss man vorher Jura studieren.